Made in the USA
Middletown, DE
06 September 2023

38061094R00057